Hedwig Dohm

Vom Stamm der Asra

Ein Lustspiel in Baden-Baden

Hedwig Dohm: Vom Stamm der Asra. Ein Lustspiel in Baden-Baden

Entstanden mit freier Benutzung eines älteren spanischen Stoffs nach Mariano José de Larra. Uraufführung: 31. Dezember 1874 im Königlichen Schauspielhaus zu Berlin. Erstdruck: Berlin, Krause, 1875.

Neuausgabe mit einer Biographie der Autorin
Herausgegeben von Karl-Maria Guth
Berlin 2020

Der Text dieser Ausgabe wurde behutsam an die neue deutsche Rechtschreibung angepasst.

Umschlaggestaltung von Thomas Schultz-Overhage unter Verwendung des Bildes: Fotografie um 1870

Gesetzt aus der Minion Pro, 12 pt

Die Sammlung Hofenberg erscheint im
Verlag der Contumax GmbH & Co. KG, Berlin
Herstellung: BoD – Books on Demand, Norderstedt

ISBN 978-3-7437-3468-5

Bibliografische Information der Deutschen Nationalbibliothek

Die Deutsche Nationalbibliothek verzeichnet diese Publikation in der Deutschen Nationalbibliografie; detaillierte bibliografische Daten sind im Internet über www.dnb.de abrufbar.

Personen

Georg Werner, Bankier

Helene, seine Frau

Heinrich Oswald

Camilla von Heimburg, eine junge Witwe

Eugen von Mansfeld, ihr Bruder

Eine Kammerjungfer

Ort der Handlung: Baden-Baden.

Dekoration: Zimmer in einem Gasthof. Im Hintergrund eine Tür. Auf jeder Seite nummerierte Türen. Auf der rechten Seite der Bühne ein breiter, dem Zuschauer sichtbarer Balkon. Zwischen der Tür und dem Balkon ein Schrank. Nahe der Tür zur Linken ein Tisch mit Schreibzeug. Im Hintergrund nach rechts ein Tisch, Sofa, Stühle usw. Auf dem Tisch ist das Frühstück serviert.

Erster Auftritt

Werner, Helene, am Frühstückstische sitzend.

WERNER *am Tisch, rauchend, eine Zeitung in der Hand.* Nun, Helenchen, bist du zufrieden? Hatte ich nicht recht, als ich dir von Baden-Baden vorschwärmte? Sieh dich einmal um: dies Zimmer – dieser Kaffee – *schlürft den Kaffee* – diese Zigarren, und vor allen Dingen – *steht auf und sieht durchs Fenster* – diese Landschaft! Selbst einen Geldmenschen, wie ich bin, stürzt sie in die Unkosten einiger Hochgefühle. Komm einmal her, Helene, und sieh durch dies Perspektiv. *Helene tut es.* Nun, was sagst du? Was meinst du?

HELENE *gleichgültig.* Recht nett! Ganz hübsch!

WERNER. Recht nett! Ganz hübsch! So? Und weiter nichts? – Aber Helene, das ist ja eine Beleuchtung, ein Lichtzauber à la Hildebrandt. Und diese Fontänen! Dieses Quellen und Gurgeln und Rieseln – o über alle Beschreibung! Und dort drüben, die duftige Form mit den feinen träumerischen Linien – Claude-Lorrain, wie er leibt und lebt! *Setzt sich.* Und die Kellner! Ein Gemüt haben diese Leute hier! Denke dir: Gestern rede ich so einen brünetten Garçon französisch an, und er antwortet mir – deutsch, jawohl, deutsch! Seitdem ich diese patriotisierten Kellner entdeckt habe, glaube ich fest, dass die Menschheit auf dem Wege zu Vollkommenheit begriffen ist. *Er bemerkt, dass Helene zerstreut ist.* Aber du frühstückst ja gar nicht, liebes Kind. Woran denkst du?

HELENE *sich zusammennehmend.* Ich? An nichts. Woran sollte ich auch denken? – Reisen wir bald wieder ab, Georg?

WERNER. Du äußerst dich ja recht freundlich über Baden-Baden! Indessen, wenn du willst, können wir schon morgen unsere Zelte hier abbrechen.

HELENE. Ach ja, lieber Mann; bitte, bitte!

WERNER. Helene, sieh mich einmal an! *Da sie sich abwendet, nimmt er ihre Hand.* Du bist traurig, Helene!

HELENE. Ich traurig? Gott bewahre. Gewiss nicht, lieber Georg. Willst du nicht noch ein Stückchen Zucker?

WERNER. Kind, gib dir keine Mühe, dich zu verstellen. Du bist traurig, und zwar seit unserer Abreise aus München. Was kannst du nur haben? Sonst pflegtest du auf der Reise vergnügt und heiter zu sein – weißt du noch, damals in der Schweiz, wie wir ganz versessen darauf waren, mit Mut, Gottvertrauen, Führern und Stricken bewaffnet, unser Leben auf den Spitzen verschiedener Eisberge zu balancieren?

HELENE. Um Gottes willen, Georg, schweig! Erinnere mich nicht an jene unglückselige Schweizerreise.

WERNER. Du hast recht. Ich bin auch wirklich zu zerstreut! Dir kann diese Erinnerung nicht fataler sein, als sie es mir ist. – Der arme Junge!

HELENE. Sterben zu müssen, so jung, so gut, so schön.

WERNER. Ich hatte den treuen frischen Menschen wirklich lieb gewonnen. Auf unseren Bergwanderungen war er stets an meiner Seite. Du warst auch immer dabei. Ja welcher vernünftige Mensch kommt auch darauf, sich das Leben zu nehmen! Hätte es nicht in den Zeitungen gestanden, ich hätte es nimmermehr geglaubt. Und kein Mensch weiß eigentlich so recht, warum er sich auf diesem ungewöhnlichen Wege der Badegesellschaft empfohlen hat.

HELENE. O doch, Georg, doch! Niemand zweifelte damals daran, dass eine unglückliche Leidenschaft – o Gott! – ihn in den Tod getrieben.

WERNER. Unglückliche Leidenschaft – warum nicht gar? Ich sage dir ja, er war ein ganz vernünftiger Mensch.

HELENE. Nun, und was beweist das? Meinst du, dass Vernunft und Selbstmord sich ausschließen?

WERNER. Gewiss. Ein Selbstmörder ist ein Narr, der einen Dummkopf tötet.

HELENE. Du freilich, du glaubst nicht an eine große Leidenschaft – du würdest niemals aus Liebe töten – Pedant!

WERNER. Gott bewahre mich davor!

HELENE. Nicht einmal für deine eigene Frau!

WERNER. Wenigstens würde ich es äußerst ungern tun. Ich würde mir sagen: Georg, entweder betrübst du die Frau, die du liebst, auf das Schmerzlichste durch deinen Tod, und das wäre eine Gewissenlosigkeit, eine Grausamkeit – oder die Schlange frohlockt über das Ende deines Lebens und den Anfang ihrer jungen Witwenschaft; und in diesem Falle, gestehe ich, würde ich nicht die geringste Lust verspüren, das Entrée zu ihrem Amüsement mit meinem Leben zu bezahlen.

HELENE. Du argumentierst nicht übel; du vergissest nur das eine: Wer wahrhaft liebt, der reflektiert, der philosophiert überhaupt nicht.

WERNER. Der – stirbt. Nicht wahr? – Ich bin nun töricht genug, mir einzubilden, dass ich dir lebendig mehr nützen kann als tot. Hinter meinem Comtoirtisch mehr als da unten im Grabe. Habe ich nicht recht, Helene? Tue ich nicht, obgleich ich lebendig bin, alles Mögliche, um dich zur glücklichsten kleinen Bankiersfrau Berlins zu machen? *Herzlich.* Lenchen, liebes Lenchen, sollte mir das wirklich so wenig gelungen sein?

HELENE. Aber, lieber Georg, wer sagt denn das?

WERNER. Wirklich, mein Kind, ich begreife gar nicht, wie du ohne mich leben wolltest, ohne meine Liebe, ohne mein Geld.

Ich versichere dir, wenn du – was der Himmel verhüten möge – einst Witwe werden solltest, es würde mich mehr um deinetwillen als um meinetwillen schmerzen.

HELENE. Ich weiß es ja längst, dass du der beste Gatte, der beste Mensch, der beste Bankier bist – ja ganz gewiss.

WERNER. Dein Beifall ist mein Stolz. Doch du bist heut etwas gereizt – lassen wir dieses todesahnungsschaurige Gespräch fallen! Wirf lieber einen Blick in dies reizende Tal und atme die reine frische Bergluft, das wird dir wohltun.

Zweiter Auftritt

Vorige. Eugen.
Während Werner durch die offene Balkontür schaut,
erscheint Eugen leise durch die Mitteltür im Hintergrunde,
Helenen eine Brief zeigend, den er in der Hand trägt.

HELENE *ihn erblickend, erschrocken.* O mein Gott!

EUGEN *flüsternd.* Still! *Er zeigt dringend auf den Brief und bittet sie durch sein Minenspiel, denselben zu nehmen.*

HELENE *leise.* Unmöglich!

WERNER *sich umwendend.* Ist jemand da? *Eugen ist schnell durch die Tür wieder verschwunden.* Sprachst du mit mir, mein Kind?

HELENE *verwirrt.* Ich? – Jawohl – ich fragte dich – ob du wohl bemerkt hättest –

WERNER *immer noch in der Balkontür.* Du meinst den Reisewagen, der da unten vor dem Hotel hält? Jawohl; eine Dame steigt aus – ein allerliebstes graziöses Persönchen. *Nimmt sein Lorgnon.* Holla! Sehe ich recht? Lenchen, wenn mich nicht alles täuscht – kein Zweifel, sie ist es. Helene, wenn du wüsstest! – – Rate einmal, rate!

HELENE *bemüht sich zu sehen.* Aber wer ist es denn? Kenn ich sie?

WERNER. Das will ich meinen! Eine kleine, pikante, reizende Witwe – denk an die Pension!

HELENE. Camilla?

WERNER. Getroffen! Ich wenigstens halte sie dafür.

HELENE. Wie ist das möglich? Wie sollte Camilla gerade jetzt nach Baden-Baden kommen? Und allein? Ich muss mich davon überzeugen – lass mich hinunter.

WERNER. Bleibe lieber einstweilen hier. Das Gepäck scheint ihr Ungelegenheiten zu machen; ich will ihr meine Dienste anbieten und bei dieser Gelegenheit mir Gewissheit verschaffen, ob sie es wirklich ist.

HELENE. Warte doch – bitte lass mich nicht allein! Ich will mitgehen.

WERNER. Was fällt dir ein? Fürchtest du dich etwa hier bei hellem lichten Tage? Ich könnte mich ja doch wohl getäuscht haben. Warte hier; ich bin im Augenblick wieder da. *Ab.*

Dritter Auftritt

Helene. Gleich darauf Eugen.

HELENE. Georg lässt mich allein. Wenn er inzwischen käme – – mein Gott, da ist er schon.

EUGEN *schnell eintretend.* Aus Mitleid, gnädige Frau, nur aus Mitleid nehmen Sie diesen Brief.

HELENE. Nimmermehr. Welches Recht, mein Herr, habe ich Ihnen gegeben –

EUGEN. Leider keins! Aber hören Sie mich an – nur einen Augenblick! – Seit fünf Tagen folge ich Ihnen, stumm wie das Grab. Seit einer Woche, gnädige Frau, bete ich Sie an. Ich kam nach München, sah Sie und – liebe Sie. Ist das meine Schuld? Plötzlich reisen Sie ab, heimlich, des Nachts, ohne Abschied. War das recht, meine Gnädige? Mein Schmerz lässt mir noch so viel Besinnung, ein Eisenbahnbillett zu lösen und mich in ein Coupé zu stürzen, um Ihnen zu folgen.

HELENE. Diese Verfolgung eben, die Ihnen so viel Vergnügen zu machen scheint, finde ich absurd.

EUGEN. Sagen wir: unverschämt.

HELENE. Wohin ich den Blick wenden mag, treffe ich Ihr Auge –

EUGEN. Ich liebe Sie!

HELENE. Wenn ich vor einem Hotel absteige, sind Sie es, der den Schlag meines Wagens öffnet –

EUGEN. Ich liebe Sie!

HELENE. Überall Sie, und immer Sie! –

EUGEN. Wenn das »Sie« Ihnen lästig fällt, sagen wir »du«!

HELENE. Ich frage Sie, ob ein Mann von Ehre ein solches Benehmen mit seinem Gewissen rechtfertigen kann!

EUGEN. Nicht im Mindesten. Sie haben vollkommen recht: Mein Benehmen ist unverantwortlich – nennen Sie es verbrecherisch, wahnsinnig; nennen Sie es wie Sie wollen! Wer aber gibt Ihnen das Recht, Vernunft und Besonnenheit von mir zu verlangen? Fordern Sie Liebe von mir –

HELENE. Welche Sprache gegenüber einer verheirateten Frau!

EUGEN. Verheiratet? Ich glaube nicht an die Ehe; ich glaube nur, dass Sie unaussprechlich reizend sind! *Will ihr die Hand küssen; sie entzieht ihm dieselbe.*

HELENE. Entfernen Sie sich, mein Herr, auf der Stelle. Sie, ein mir völlig fremder Mann, wagen es –

EUGEN. Fremd? Völlig fremd? Keineswegs. Ich brauche nur ein Wort zu sagen, und Sie erfahren, dass ich einer Familie angehöre, welche das Glück hat, von Ihnen nicht nur gekannt, sondern – leider nur teilweise – geliebt zu werden. Ich werfe mein Incognito ab und –

HELENE *die nur halb hingehört hat.* Um Gottes willen, schweigen Sie! Ich höre draußen Geräusch! *Geht nach der Tür.*

EUGEN *ihr den Weg tretend.* Besorgen Sie nichts, gnädige Frau; ich bin der diskreteste Mann unter der Sonne.

HELENE. Gehen Sie, gehen Sie! Ich werde versuchen zu vergessen, was Sie gesprochen haben. *Beiseite.* Ich zittre vor Angst.

EUGEN. Sie werden diesen Brief lesen!

HELENE. Ich werde ihn nicht lesen.

EUGEN. Er ist mit meinem Herzblut geschrieben.

HELENE. Und wenn er auch mit Tinte geschrieben wäre – gehen Sie!

EUGEN. Sie wollen ihn nicht lesen? Gut – so verbrennen Sie ihn wenigstens; aber nehmen müssen Sie den Brief.

HELENE *voll Angst, für sich.* Es ist Camillas Stimme. Wenn mein Mann mich hier träfe; allein mit einem Fremden! *Laut.* Entfernen Sie sich so schnell als möglich. Sie sehen meine Angst; ich bitte Sie flehentlich darum! *Eilt ab durch die Tür im Hintergrunde.*

EUGEN *will ihr folgen.* Nur ein Wort noch, ein einziges Wort!

Vierter Auftritt

Eugen.

EUGEN *allein. Kehrt nach dem Vordergrunde zurück und zerreißt den Brief.* Und ich behalte meinen Brief! Schade – er war mit einem Feuer geschrieben; keine Lukretia hätte ihm widerstehen können. – Was nun? Ob ich mein Vorhaben aufgebe? – Unmöglich! Erstens liebe ich die kleine Spröde in der Tat ganz wahnsinnig; und dann, so ohne jeden Erfolg das Feld zu räumen, wäre gegen meine Ehre. Ohne Kampf kein Sieg; kämpfen wir also, und wagen wir das Äußerste! Dort ist ein Balkon. Dieser Gasthofsalon steht jedem Fremden zur Benutzung frei. Nehmen wir unsere Position und warten wir ab; vielleicht haben wir später mehr Glück. *Tritt auf den Balkon, dessen Tür er von außen halb zumacht.*

Fünfter Auftritt

Camilla. Helene. Werner. Eine Kammerjungfer.
Camilla und Helene treten Arm in Arm ein. Werner, mit
Gepäck beladen, folgt ihnen. Eine Kammerjungfer, ebenfalls
Gepäck tragend, folgt Werner.

CAMILLA. Ich kann dir nicht sagen, meine liebe teure Helene, wie ich mich freue, dich wiederzusehen, und so unverhofft.
HELENE. Für mich ist es eine märchenhafte Überraschung. *Sich umschauend, für sich:* Ich atme auf; er ist fort.

CAMILLA *zur Kammerjungfer, auf eine Tür zur Linken zeigend.* Trage das Gepäck nach Nr. 6, das ist mein Zimmer. *Kammerjungfer ab.*

WERNER *einen Kasten von Mahagoniholz haltend.* Und was soll mit diesem wuchtigen Kasten geschehen?

CAMILLA *lächelnd.* An dem habe ich keinen Teil; mein liebenswürdiger Bruder hat ihn mir aufgebürdet – soviel ich weiß, ist es ein Pistolenkasten. Sie haben wohl die Güte, ihn einstweilen auf den Tisch zu stellen. – Mein Bruder und ich, wir haben uns hier in Baden-Baden ein Rendez-vous gegeben. Ich komme aus Rom, er aus Paris oder irgendeiner anderen Weltstadt Europas. Unter uns gesagt, mein guter Bruder Eugen ist ein wenig mauvais sujet. Er hat so etwas von Don Juan oder Manfred oder sonst einem fashionablen Ungeheuer in sich, ist aber übrigens ein ganz charmanter junger Mann. Soll ich dir etwas verraten, Helene? Er schwärmt für dich.

HELENE. Ohne mich jemals gesehen zu haben?

CAMILLA. Nach dem, was ich ihm von dir erzählte. Er behauptet, du müsstest reizend sein. Sind Sie eifersüchtig, Herr Werner?

WERNER. Ein Othello bin ich gerade nicht; indessen möchte ich doch nicht für meinen Gleichmut stehen, wenn jemand sich erdreisten sollte, Helenchen ernstlich die Cour zu machen. Allein daran ist wohl nicht zu denken; bis jetzt hat noch niemand es gewagt, auch nur mit einem Blicke, geschweige denn –

HELENE *leise zu Werner.* Sei nicht böse. Du weißt, ich habe keine Geheimnisse vor dir; aber sie – *auf Camilla deutend –* will mir etwas anvertrauen. Du verstehst?

WERNER *leise.* Ich verstehe. *Laut.* Verehrteste Freundin, Sie entschuldigen mich wohl, wenn ich Sie verlasse. Ich habe noch einige Einkäufe für meine kleine Tyrannin zu besorgen.

HELENE. Willst du schon fort, lieber Georg?

WERNER. Ich muss. Adieu, mein Kind; auf Wiedersehen, gnädige Frau. Ich lasse Sie beide mit gutem Gewissen allein; spricht sie, die Schlange, schlecht von mir, dann ist es pure Verleumdung. Es ist eine Schwäche von mir, aber ich liebe diese kleine Person weit über ihr Verdienst. *Ab.*

Sechster Auftritt

Helene. Camilla.

HELENE. Meine einzig, liebste Camilla, wie lange, wie unendlich lange haben wir uns nicht gesehen!

CAMILLA. Nicht ein einziges Mal seit der Pension. Was liegt alles zwischen damals und heut!

HELENE. Was haben wir seitdem erlebt, gefühlt, gelitten!

CAMILLA. Wir haben uns inzwischen beide verheiratet, du in Berlin, ich in Wien.

HELENE. Und bist du glücklich gewesen, Camilla? Ich habe eine Fotografie deines Mannes gesehen. Was für ein schöner, glänzender Kavalier!

CAMILLA. Sehr glänzend in der Tat! Darum bedurfte er auch stets eines leichten Firnisses von Skandal, um seine Reputation zu konservieren. So glänzend war er, dass er schließlich um einer Tänzerin willen, aus der er sich nichts machte, die aber gerade in der Mode war, sich im Duell erschießen ließ. Übrigens haben wir niemals ein unfreundliches Wort miteinander gewechselt – wir liebten uns nicht.

HELENE. Arme Camilla! Und du, so lebenslustig, so voll sprudelnder Heiterkeit, wie hast du dein Schicksal ertragen?

CAMILLA. Ungefähr so, wie die meisten Frauen in meiner Lage es getragen haben würden. Im ersten Jahr grämte ich mich still weg, ohne alle Hintergedanken. Ich war eine lebendige Elegie: Tränenden Auges wandelte ich umher; was ich sprach, waren – Seufzer, was ich dachte – Jammer. Im zweiten Jahre fing ich an nachzudenken. Ich hielt Monologe; ich sagte mir: Camilla, du könntest so glücklich sein! Warum bist du es nicht? Warum musst du wie Tantalus, im Überfluss darben? Warum darfst du nicht glücklich sein? Warum nicht? – Ich sah zwei Wege vor mir. Der eine führte zu einem stillen Landsitz, einer Art Kloster, in einer schönen Gegend, wo ich, ein Bild erhabener Tugend, einsam mit meinem Schmerz und meinem Pianino, auf die Freuden des Jenseits hoffend, meine Erdentage gottselig hätte beschließen können. Fast hätte ich diesen Weg eingeschlagen; aber ich fürchtete – vor Langeweile zu sterben. Womit sollte ich die Pausen zwischen dem Diner und dem Klavierspiel ausfüllen? In allen Romanen, die ich gelesen, mochten sie auf der Höhe oder in der Tiefe spielen, pflegten die Frauen, die sich der Einsamkeit ergaben, ihre Musestunden mit – Reue auszufüllen. Nun frage ich dich: Woher sollte ich, ein auf Hymens Altar schuldlos geopfertes Lamm, die Reue nehmen?

HELENE. Aber sagt man nicht, liebe Camilla, dass im Bewusstsein strenger Pflichterfüllung ein echtes und reines Glück zu finden sei? Sagt man nicht –

CAMILLA. Was sagt man nicht alles! – Ich habe keinen Ehrgeiz, und ich will dir offen gestehen, dass der zweite Weg, den ich vor mir sah, mir verlockender erschien. Nachdenken erzeugte bei mir die Erkenntnis, dass es einfach die Pflicht eines jeden Menschen sei, sich seinen Anteil an den Genüssen des menschlichen Lebens zu verschaffen – *schalkhaft* – wie sich von selbst versteht, ohne der ehrenwerten Dame Moral zu nahe zu treten.

HELENE. Ich hätte nie geglaubt, dass du so leichtfertig denken könntest.

CAMILLA. Meinst du? – Ich kann dir sagen, Helene: Nichts richtet den Menschen mehr zugrunde als Unglück. Wer nicht geliebt wird, ist nur der Schatten eines Menschen, überall einsam. Und darum fühle ich mich von einer maßlosen Sehnsucht nach Glück und Liebe erfasst. Da, im entscheidenden Augenblick –

HELENE. Besannst du dich zur guten Stunde eines Besseren – nicht wahr, meine Freundin?

CAMILLA. Da – starb mein Gatte, und ich war frei.

HELENE. Und willst es bleiben? Verzeihe der Freundin diese Frage.

CAMILLA. Dir kann ich es vertrauen, Helene. Denke dir, ich habe einen wahren Backfischstreich begangen: Ich habe mich verliebt.

HELENE. In wen?

CAMILLA. In einen jungen Kaufherrn, einen gebornen Hamburger, den ich im vorigen Jahr auf Helgoland kennengelernt.

HELENE. Und erwidert er deine Neigung?

CAMILLA. Natürlich! Oder vielmehr umgekehrt: Ich erwidere die seinige. Er ist sehr reich; ich habe mich aber vorläufig noch nicht entscheiden können, ihn zu heiraten.

HELENE. Und warum nicht?

CAMILLA. Weil er mich – zu sehr liebt.

HELENE. Das ist gar nicht möglich.

CAMILLA. Doch, Kind! Seine Seele steht immer in Brand.

HELENE. Ach, du Glückliche! Ein solcher Mann war immer der Traum meiner Jugend. Ich sage dir, Camilla, es gibt phlegmatische Männer, die –

CAMILLA. Aber Kind, du steckst ja voll netter Vorurteile! Glaube mir, jede Liebe hat ihre Illusionen, und jede Illusion hat ihren Lendemain. Selbst der feurigste Vulkan beruhigt sich, der Sturm tobt aus – und dann?

HELENE. Mag sein. Und doch – gliche mein Georg deinem Verliebten –

CAMILLA. Warum nicht gar! Ein Bankier und ein Vulkan! Danke dem Himmel, dass er dir einen soliden, dauerhaften Mann geschenkt hat, der dich ohne alle Frage von Herzen liebt.

HELENE. Er ist ein guter, ein wahrhaft guter Mensch; aber Camilla, er ist ein Alltagsmensch, und die Seele will doch auch einmal ihren Sonntag haben. Ich kann das Gefühl nicht loswerden, als erwarte mein Herz noch immer –

CAMILLA. Irgendwen?

HELENE. Wenigstens irgendwas. Ich empfinde an seiner Seite nie so recht mein ganzes volles Leben. Sieh, z. B. gestern: Entzückt stehe ich in der herrlichen Morgenlandschaft neben ihm. Unter Seelenschauern leuchtet mir die ganze Natur wie ein Rosenfeuer auf. Übermannt von Glückseligkeit ergreife ich seine Hand und flüstere: »Georg!«

CAMILLA. Und er?

HELENE. Er? Fragt: »Lenchen, soll ich – dir den Kaffee bestellen?«

CAMILLA. »Lenchen?« Allerdings. Hätte er dich wenigstens »Helena« genannt.

HELENE. Ein ander Mal – es war im Mondenschein; ein elektrischer Glanz legt sich um Busch und Baum, und süße, heilige Düfte entströmten den Kelchen der Blumen. Ich stehe, an seine Schulter gelehnt, wortlos, von dem leidenschaftlichen Zauber der Mondnacht ganz umstrickt. Und er, Camilla –

CAMILLA. Steckt sich doch nicht etwa eine Zigarre an?

HELENE. Nein, viel schlimmer als das: Er – gähnt fürchterlich. Was ist ihm die Majestät des Sternenhimmels, was das geheimnisvolle Weben der Sommernacht? Er gähnt!

CAMILLA. In der Tat, liebes Kind, ich bin erstaunt über deine schwärmerische Überschwänglichkeit. Sei vernünftig; nimm deinen Mann wie er ist, und erwidre seine Liebe – man wird nicht alle Tage geliebt! Wenn das übrigens deine einzige Sorge ist –

HELENE. Es ist nicht die einzige. Ach Camilla, weit einigen Tagen bin ich in einer verzweiflungsvollen Lage, und – was das Schlimmste ist – ich muss meine Stimmung vor meinem Manne sorgfältig verbergen.

CAMILLA. Und warum?

HELENE. Es handelt sich um ein Abenteuer.

CAMILLA. Was? Ein Abenteuer? Und davon hast du mir noch kein Wort gesagt?

HELENE. Ein junger Mann hat sich in mich verliebt. Er ist uns von München aus bis hierher gefolgt. Denke dir nur: Noch vor wenigen Minuten stand er hier in diesem Zimmer und wollte mich zwingen, einen Brief von ihm anzunehmen.

CAMILLA *lachend.* Ha, ha, ha! Und das erzählst du mir mit so komischem Ernst? Was ist denn daran so Erschreckliches? Weißt du, ich finde nichts amüsanter als so ein kleines Abenteuer. – Ist er hübsch?

HELENE. Sehr. Er hat große blaue Augen.

CAMILLA. Nun, so wirst du dich umso besser amüsieren.

HELENE. Amüsieren? Camilla, wenn ich bemerke, dass jemand ein außergewöhnliches Interesse an mir nimmt, dann gerate ich in eine unbeschreibliche Angst, und ich versichere dir –

CAMILLA. Aber Helene, wir können doch nicht gleich um Hilfe schreien, wenn sich einer in uns verliebt!

HELENE *ihr die Hand drückend, bewegt.* Sprich nicht so, Camilla. Vernimm denn und wisse: Ich habe den Tod eines Menschen auf dem Gewissen.

CAMILLA. Ist das wahr? Den Tod eines Menschen? Erkläre dich!

HELENE *um sich blickend, nach einer kleinen Pause.* Wir sind allein, ich will dir alles sagen. Es ist jetzt zwei Jahre her. Wir hielten uns in Interlaken auf, als ein junger Mann dort erschien, den niemand kannte. Er wurde Fritz Heinrich genannt; allein jedermann wusste, dass dies nicht sein richtiger Name war. Man hatte allerlei Vermutungen über ihn und den Zweck seines Aufenthalts; manche glaubten, dass eine geheime politische Mission ihn in die Schweiz geführt habe. Werner schloss sich dem jungen Mann auf das Freundlichste, ja mit einer gewissen Herzlichkeit an. Du errätst –

CAMILLA. Ich errate. Herr Incognito verliebte sich sterblich in dich. Und dein Mann?

HELENE. Merkte nichts.

CAMILLA. Der brave Mann!

HELENE. Fritz gestand mir seine Liebe. O könnte ich dir seine Worte wiederholen! Er sprach so innig, so leidenschaftlich – ich höre noch den Ton seiner Stimme – ach! Ich brauche dir nicht zu sagen, dass ich ihn streng in seine Schranken zurückwies.

CAMILLA. Natürlich!

HELENE *immer bewegter.* Eines Tages kam er zu mir, aufgeregter, leidenschaftlicher denn je. Sein Antlitz was bleich, die Augen in Tränen gebadet; er bat, er beschwor mich um ein Wort des Mitleids, ein kleines Wort der Hoffnung. Camilla, mir blutete das Herz; aber keine Miene verriet, was in mir vorging. Voll Verzweiflung verwünschte er sein Leben, ersehnte er sich den Tod. Endlich ging er – und –

CAMILLA. Du riefst ihn nicht zurück?

HELENE. Ich rief ihn nicht zurück – er kam von selbst. An der Tür wandte er sich noch einmal um; seine Stimme klang wie die eines Sterbenden, als er die Worte sprach, jene Worte, die sich unauslöschlich in meine Seele gebrannt haben, die ich noch auf meinem Sterbebett hören werde.

CAMILLA. Welche Worte?

HELENE. »Ich bin vom Stamme jener Asra, welche sterben, wenn sie lieben!« Er ging. Ich sah ihn nie wieder – ich werde ihn niemals wiedersehen. Am folgenden Tage stand im Journal von Interlaken ein Wort, das mich wahnsinnig machte – es hieß: Selbstmord.

CAMILLA. Der Unglückliche hatte sich das Leben genommen?

HELENE. Ja, ein Brief, den er seinem Diener zurückgelassen, bestätigte, dass sein Entschluss ein vorbedachter gewesen. Man stellte die sorgfältigsten Nachforschung in der ganzen Umgebung an. Endlich fand man am Rande eines Abgrundes –

CAMILLA. Seine Leiche?

HELENE. Seinen Hut.

CAMILLA. O mein Gott! Das ist ein trauriges Abenteuer!

HELENE. Um meinetwillen gab er sich den Tod. Ach, Camilla, was soll eine Frau tun, die so geliebt wird?

CAMILLA. Im Allgemeinen soll sie wieder lieben. Aber freilich, es gibt Ausnahmefälle, wie der deinige, wo die Moral – Höre, das ist wirklich eine entsetzliche Geschichte. Dieser Fritz hätte dich ernstlich kompromittieren können; er hat mit einem unverzeihlichen Leichtsinn gehandelt.

HELENE. Leichtsinnig nennst du, was mir erhaben erscheint? Er hat mir sein Leben geopfert; glaube mir, an ihm ist ein großes Herz zugrunde gegangen.

CAMILLA. Um Gottes willen, hör' auf, Helene! Am Ende bereust du noch dein strenges Betragen!

HELENE. Der Unglückselige! Hätte ich ahnen können –

CAMILLA. Du hättest doch nicht –

HELENE. Gewiss nicht, Camilla; du kennst ja meine Grundsätze. Aber im Grunde ist doch alles leichter zu ertragen, als die Schuld am Tode eines Menschen.

CAMILLA. Nun, deine Grausamkeit lässt sich nun einmal nicht rückgängig machen. Darum klage nicht mehr um die Toten, sondern denk' an deinen Gatten.

HELENE. Ach, die Gatten! Die bringen sich niemals um!

CAMILLA. Das fehlte auch noch!

HELENE. Immer sehe ich ihn vor mir, den Todesschweiß auf der blassen Stirn! Es ist genug an einem Opfer, nicht zum zweiten Male würde ich den Mut haben, einen Menschen um meinetwillen dem Verderben geweiht zu sehen.

CAMILLA. Um auf deinen Münchener Unbekannten zurückzukommen, der wird doch nicht etwa auch mit Mordgedanken, Schießgewehr und Abgründen umgehen?

HELENE. Der Himmel verhüte es! Ich habe ihn mit einer Würde abgewiesen, mit einer Strenge, dass ihm nichts übrig bleibt, als auf der Stelle abzureisen.

CAMILLA. Ihr seid doch beide, du und dein Gatte, vortreffliche Menschen. Und jetzt, mein liebes Helenchen, nimmst du es mir wohl nicht übel, wenn ich mich auf kurze Zeit zurückziehe. Meine Toilette bedarf einiger Retuschen, und mein Bruder kann jeden Augenblick eintreffen.

HELENE. Wie? Um deinen Bruder zu empfangen, willst du dich putzen?

CAMILLA. Möglich, dass er nicht allein kommt. Ich habe zwar einem gewissen Jemand streng untersagt, mich hier aufzusu-

chen; allein, gehorchen denn die Männer uns immer, wie sie sollten? Also, Helenchen, auf Wiedersehen! *Ab in ihr Zimmer.*
HELENE. Ich will einmal nachsehen, vielleicht ist Georg schon zurück.

Wie sie sich nach der Balkontür wendet, tritt Eugen, der während des Vorigen schon mehrmals zur Tür hereingesehen und durch sein Mienenspiel zu verstehen gegeben, dass er alles gehört hat, ihr entgegen, mit wirrem Haar, nachlässigem Anzug und allen Zeichen äußerster Erregung.

Siebenter Auftritt

Helene. Eugen.

HELENE *ihn erblickend.* Schon wieder er! Also noch hier? Ich bin allein – geschwind! *Sie will fort.*
EUGEN *mit dem Ausdruck wahrer Leidenschaft.* Einen Augenblick! – Gnädige Frau, ich befand mich bereits auf dem Wege nach Amerika. Schon wurde die Entfernung, die uns trennte, größer und immer größer –
HELENE. Das hatte ich von Ihnen erwartet, mein Herr.
EUGEN. Fliehen wollte ich diesen Ort, obgleich eine geliebte Schwester mich hier erwartet.
HELENE. Was sagen Sie?
EUGEN. Ja, ich bin der Bruder Ihrer Freundin, Camillas Bruder.
HELENE *erschreckt.* Eugen von Mansfeld? Erlauben Sie, ich will Camilla sogleich benachrichtigen.
EUGEN *sie zurückhaltend.* Es ist unnütz. Nicht um meiner Schwester willen bin ich zurückgekehrt: Ich bin gekommen, um Sie, gnädige Frau, noch einmal, zum letzten Mal zu sehen.

Helene macht eine abwehrende Bewegung. Gut! Fahren Sie fort! Treiben Sie mich durch Ihre Kälte zur Verzweiflung. Keine Klage soll über meine Lippen kommen, aber mein Entschluss ist gefasst.

HELENE. Ich verstehe Sie nicht – ich wage nicht – aber, Herr von Mansfeld, muss ich Sie denn wieder und immer wieder daran erinnern, dass ich verheiratet bin?

EUGEN. Warum sind – Sie verheiratet?

HELENE *ängstlich.* Mein Gatte –

EUGEN. Was hindert mich, Ihren Gatten umzubringen? Er wäre der erste Gatte nicht, der seine Anmaßung mit dem Leben bezahlt hätte.

HELENE. Welche Anmaßung? Dass er mich liebt –

EUGEN. Was für ein Recht hat er, Sie zu lieben? Wie kommt er dazu, der Philister, der imstande ist zu gähnen, wo unser Seelen, Helene, erglühen würden! *Helene zuckt zusammen. Zärtlich.* Ach Helene, wir könnten so glücklich sein! Unsere Herzen haben für tausend Empfindungen Raum!

HELENE. Ich sollte treulos meine Pflicht verraten? Nimmermehr!

EUGEN. Ich sollte feig dem heißen Trieb in meiner Brust entsagen? Nimmermehr!

HELENE. Ich verachte eine Liebe, die der Ehre bar ist.

EUGEN. Ich verachte eine ehrbare Herzlosigkeit.

HELENE. Verlassen Sie mich, Herr von Mansfeld! Schon die Vorstellung eines solchen Unrechts macht mich schaudern. Beendigen wir diesen Streit.

EUGEN. Wie jeden Streit unter Liebenden. *Will sie umarmen.*

HELENE *ihn abwehrend.* Herr von Mansfeld!

EUGEN. Gut! So weihe ich mich dem Untergang! Schon sehe ich den Abgrund, in welchen meine Leidenschaft mich hinabstürzt –

22

HELENE. Abgrund? Unglückseliger!

EUGEN. Mein Leben, Helene, gehört dir; und du willst nicht, dass ich lebe!

HELENE *entrüstet.* Sie nennen mich »du«, mein Herr?

EUGEN. Kann ich denn anders? Lieben wir uns nicht, Helene?

HELENE. Schonen Sie meiner, Herr von Mansfeld! Ich bitte sie inständigst im Namen Ihrer Schwester, die Ihnen so zärtlich zugetan ist.

EUGEN. Und ich beschwöre Sie im Namen dieser selben Schwester – Helene, deine Liebe oder den Tod! *Sinkt ihr zu Füßen.*

HELENE *für sich.* Wehe mir! Ich bin von Selbstmördern umringt! Eine zweite Medusa, entziehe ich dem Leben, wer mich erblickt. Und die arme Camilla! O mein Gott, sie hat nur diesen einzigen Bruder! *Wie sie sich umsieht, gewahrt sie Eugen, der inzwischen aufgestanden und an den Tisch getreten ist, auf dem der Pistolenkasten steht. Er ist beschäftigt, den letzteren zu öffnen.* Was tun Sie da?

EUGEN *der eine Pistole herausgenommen hat.* Ich erwarte Ihren Richterspruch; das Henkeramt besorge ich selber.

HELENE *halblaut.* Ich fühle mich einer Ohnmacht nahe.

EUGEN *im Tone der Verzweiflung.* Sie wollen also, dass ich sterbe?

HELENE. Wahnsinniger!

EUGEN. So habe denn das Schicksal seinen Lauf! Wehe Ihnen, wenn Sie wagen, es aufzuhalten!

HELENE. Eugen! Eugen!

EUGEN. Sie ruft meinen Namen!

HELENE *zu ihm schwankend.* Nein, nein! Niemals – nimmermehr darf das Äußerste geschehen! Wohlan denn, sprechen Sie! Was wollen, was fordern Sie von mir?

EUGEN *sich ihr schnell nähernd.* Was ich fordere? Geliebte Helene, nichts, gar nichts, als nur einmal mit Ihnen ungestört reden zu dürfen. Wollen Sie?

HELENE. Mein Gatte muss jeden Augenblick zurückkehren.

EUGEN. Gut. Also später – um vier Uhr, in diesem Zimmer. Ich werde Ihren Gatten zu entfernen wissen.

HELENE. Und dann?

EUGEN. Und dann – ich verlange so wenig, fast nichts. Wahre Liebe ist so bescheiden, Sie wissen gar nicht, wie bescheiden.

HELENE. Und um diesen Preis liefern Sie mir Ihre Waffen aus?

EUGEN. Sofort.

HELENE. Schnell, geben Sie her! *Eugen will ihr den Kasten überreichen, sie weicht ängstlich zurück.* Nein, ich mag diese Mordinstrumente nicht anrühren. Verschließen sie den Kasten und stellen Sie ihn dort in jenen Schrank.

EUGEN. Wie Sie befehlen. *Er stellt den Kasten in den im Hintergrund befindlichen Schrank und tritt zurück. Helene eilt zu dem Schrank und verschließt denselben.* Was tun Sie?

HELENE. Ich verschließe den Schrank und verwahre den Schlüssel. *Steckt den Schlüssel in ihren Gürtel.* So – nun bin ich ruhiger.

EUGEN. Und Sie werden Ihr Versprechen halten?

HELENE. Ich werde halten, was ich versprochen habe. Aber jetzt verlassen Sie mich. Schnell! *Eilt ab in ihr Zimmer.*

EUGEN. Um vier Uhr! *Die Tür schließt sich hinter ihr.* Da wären wir unserem Ziel um einen Riesenschritt näher gekommen. *Sein Haar ordnend, pathetisch zitierend.* »Ich bin von Stamme jener Asra«, oder: »Deine Liebe oder den Tod!« – Freilich, besonders edel ist das Mittel nicht; indessen, in der Liebe wie im Kriege gilt jede List, und ich liebe diese reizende Frau, wie ich noch keine je geliebt – wenigstens so viel ich mich erinnere.

Achter Auftritt

Eugen. Oswald.

OSWALD *eintretend.* Verwünschte Eisenbahn! Dass sie gerade heute wieder den Anschluss verfehlen musste. Dadurch habe ich einen halben Tag verloren.

EUGEN *ihn erblickend.* Wie? Sehe ich recht? Heinrich Oswald! Du selber, unser Hamburger Verliebter! Bestens willkommen, lieber Freund!

OSWALD *ihn umarmend.* Und du, Eugen, bereits vor mir angelangt? Bist du schon lange hier?

EUGEN. Seit wenigen Stunden. Auch meine Schwester ist vor Kurzem angekommen.

OSWALD. Und ich Unglücksvogel war nicht da, um sie zu empfangen! Es ist zum Verzweifeln!

EUGEN. Warum denn?

OSWALD. Zum Verzweifeln, sag' ich dir! Ich habe die günstige Gelegenheit versäumt, ihr meine grenzenlose Ergebenheit zu beweisen.

EUGEN. Unsinn. Sie weiß, dass du sie anbetest.

OSWALD. Was hilft mir das, wenn sie meine Anbetung nicht erwidert?

EUGEN. Du verlangst aber auch gar zu viel. Sie fürchtet deine Veränderlichkeit.

OSWALD. Ich, und veränderlich? Wie wenig kennt sie mich! Ich versichere dir, Freund, wenn ich einmal eine Frau liebe, so liebe ich sie fürs Leben. Deine Schwester ist das einzige Weib, das ich jemals wahrhaft geliebt habe.

EUGEN *kalt.* Was geht das mich an? Übrigens, so weit ich die Weiber verstehe, mein Wort darauf: Camilla wird deine Frau.

OSWALD. Dürfte ich dir glauben!

EUGEN. Du darfst es. Sollte sie übrigens mit ihrer Einwilligung allzu lange zögern, so will ich dir ein Mittel sagen –

OSWALD. Welches? Sprich!

EUGEN. Ein Mittel, das soeben erst frisch von mir entdeckt worden ist.

OSWALD. Geschwind, her damit!

EUGEN. Du erfährst es aber nur unter einer Bedingung.

OSWALD. Ich akzeptiere jede.

EUGEN. Du musst mir eine Gegendienst leisten.

OSWALD. Brauchst du Geld?

EUGEN. Nein.

OSWALD. Sonst, zwischen Schwägern – geniere dich nicht.

EUGEN. Jetzt nicht, vielleicht später einmal. Im Augenblick ist es nicht eine leere Börse, sondern ein überflüssiger Ehemann, der mich geniert.

OSWALD. Ein Ehemann?

EUGEN. Jawohl. Derselbe muss fortgeschafft werden – nur auf ganz kurze Zeit; und dabei rechne ich auf dich.

OSWALD. Auf mich? Und jetzt? Freund, ich muss dir sagen, ich halte auf Moral. Und außerdem, ich habe ja deine Schwester noch nicht einmal gesehen.

EUGEN. Die ist bei der Toilette und könnte dich jetzt doch nicht empfangen. Auch beanspruche ich deine Dienste nicht im Augenblick, sondern erst um vier Uhr.

OSWALD. Und wohin soll ich den Unglücklichen führen?

EUGEN. Wohin du willst: auf die Promenade, ins Bad, in den Spielsaal.

OSWALD. Aber, Mensch, dieser Ehemann, den ich nicht einmal kenne –

EUGEN. Was tut das? Alle Ehemänner gleichen sich. Da kommt er übrigens schon selber.

Neunter Auftritt

Vorige. Werner.

WERNER *mit verschiedenen Paketen.* Helene wird sich hoffentlich freuen über die reizenden Sächelchen, die ich für sie
eingekauft habe. *Er grüßt Eugen, darauf nähert er sich Oswald
und prallt zurück.* Alle guten Geister loben Gott den Herrn!
Spukt es hier am hellen Tage? *Schnell auf Oswald zueilend.*
Mein Herr, haben Sie vielleicht einen Bruder, der Ihnen zum
Verwechseln ähnlich sieht und auf den Namen Fritz hört?

OSWALD *Werner herzlich entgegentretend.* Dieser Fritz bin ich
selbst, mein liebster bester Herr Werner.

EUGEN *zu Oswald, halblaut.* Kennst du ihn?

OSWALD *ebenso.* Versteht sich.

WERNER. Sie sind es wirklich, der Tote, der Begrabene!

OSWALD. Der Wiederauferstandene.

EUGEN. Was soll das heißen?

WERNER *zu Oswald.* Den Brief, den Sie zurückließen – Ihr
spurloses Verschwinden –

OSWALD. Schweigen wir davon, Herr Werner! Erinnern Sie
mich nicht mehr an jene romantische Torheit.

WERNER. Also ist es wirklich wahr? Sie leben, Sie atmen, Sie
sind sogar dicker geworden. Ich finde nicht Worte, um meine
Freude auszudrücken. Lassen Sie sich umarmen, mein lieber,
teurer junger Freund. Alle Teufel. Ein Toter, der lebendig ist!

OSWALD. Erlauben sie, Herr Werner, dass ich Ihnen meinen
besten Freund vorstelle –

WERNER. Ah, der junge Herr, der uns auf der Reise einige
Ritterdienste erwiesen hat. Sehr erfreut! Die Freunde unserer
Freunde sind auch die unsrigen.

EUGEN. Das ist ja reizend, dass die Herren alte Bekannte sind. *Leise zu Oswald.* Vergiss nicht, ihn zu rechter Zeit beiseite zu bringen! *Laut.* Adieu, Heinrich. Ich werde dein Interesse wahrnehmen, vergiss du das meinige nicht. Ihr Diener, Herr Werner. *Ab.*

Zehnter Auftritt

Oswald. Werner.

WERNER. Ich kann mich von meinem Staunen noch gar nicht erholen. Wissen Sie auch, dass Ihr Diener damals vierzehn Tage lang einen Trauerflor um den Hut getragen hat? Es ist ein wahres Wunder; ich möchte es in alle Welt hinausposaunen.

OSWALD *lebhaft.* Um Gottes willen nicht! Ich bitte Sie im Gegenteil, Herr Werner, das tiefste Schweigen über meinen unterbrochenen Selbstmord zu beachten, vor allem hier in Baden-Baden.

WERNER. Warum? Ein Selbstmord aus Liebe –

OSWALD. Sie würden mich unglücklich machen und eine Heirat, die mir am Herzen liegt, unmöglich machen.

WERNER. Wieso?

OSWALD. Darf ich auf Ihre Diskretion rechnen?

WERNER. Felsenfest.

OSWALD. Erfahren Sie denn, dass ich, als wir in Interlaken miteinander verkehrten, von einer so außerordentlichen Sensibilität heimgesucht wurde, dass ich kaum eine Frau sehen konnte, ohne mich in sie zu verlieben; besonders aber hatte eine es mir angetan –

WERNER. Ja, ja, ich erinnere mich: die schöne blonde Engländerin.

OSWALD. Bewahre!

WERNER. Doch nicht die schöne Frau des Badearztes?

OSWALD. Auch diese nicht.

WERNER. Nun, welche war es dann?

OSWALD. Der Name tut nichts zur Sache.

WERNER. Halt, jetzt geht mir ein Licht auf. Richtig! Die kleine brünette polnische Gräfin – o, sie war reizend.

OSWALD. Raten Sie nicht weiter! Genug, meine Göttin behandelte mich mit unbeugsamer Grausamkeit, und in einem Paroxysmus von Leidenschaft fasste ich den verzweifelten Entschluss, mit einem Schlag meiner Qual ein Ende zu machen und mich in einen jener Abgründe zu stürzen, an denen die Schweiz nur allzu reich ist. In dieser Vorstellung lag für mich eine wilde Poesie, eine schauerliche Erhabenheit –

WERNER. Totale Gehirnfinsternis!

OSWALD. Mag sein. – Ich schrieb an meinen Diener den bewussten Brief, in welchem ich den ausdrücklichen Wunsch aussprach, dass man der Ursache meines Todes nicht nachforschen möge. Darauf machte ich mich auf den Weg zu dem von mir erwählten Abgrund. Ich gestehe, dass mein heißes Blut bereits unterwegs sich einigermaßen abzukühlen begann.

WERNER. Aha! Der Anfang der Krisis!

OSWALD. Denken Sie sich einen Menschen, der stundenlang bis zum Knie durch Eis und Schnee watet, um den der Wind in allen Tonarten heult und pfeift. Mich fror fürchterlich. Dennoch schleppte ich mich weiter bis zum Rande des Abgrunds. Ich blickte hinab, ich maß mit den Augen die grauenvolle Tiefe. Ein unnennbarer Jammer erfasste mich. Indessen, ich überwand die Anwandlung von Schwäche, nahm einen energischen Anlauf, schloss die Augen und –

WERNER *gespannt.* Sie sprangen?

OSWALD. Nein. Ich horchte auf; denn über die Berge drang ein wüster Lärm an mein Ohr.

WERNER. Es war eine Lawine?

OSWALD. Gott bewahre! Carl Lindstädt war es, einer meiner besten Freunde, auch ein Gast in Interlaken, der mit einer großen Gesellschaft auf der Gemsenjagd begriffen war. Sie hätten die lustigen roten Gesichter der frischen Burschen sehen, ihr helles Lachen und Jodeln hören sollen – es war eine Unmöglichkeit, dabei irgendeinen Seufzer, geschweige den letzten, auszuhauchen. »Komm mit! Komm mit! Schließ dich an!«, erschallte es von allen Seiten. »So werde ich des Mittags sterben, statt des Morgens«, sagte ich zu mir selbst und fort ging's in wilder Jagd über Felsen und Gletscher, ich der wildesten einer, immer voran. An einem Abgrund verlor ich meinen Hut, an einem andern mein Tuch – was weiß ich? Mit einem Wort, als wir uns nach erlegter Gemse wieder zusammenfanden, war ich halb tot – vor Müdigkeit und Hunger.

WERNER. Nicht vor Verzweiflung?

OSWALD. Nein, der Hunger hatte sie getötet. Das Schwierigste für mich war nun, nicht zum Leben, sondern nach Interlaken zurückzukehren. Der ganze internationale Witz des Ortes wäre auf mich losgelassen worden, und jeder Dummkopf hätte sich bemüht, auf meine Kosten geistreich zu sein. Sagen Sie selbst, wie hätte ich mich der Frau, für die ich gestorben war, lebendig präsentieren können?

WERNER *lachend.* Ein unvergleichlicher Effekt! Ich sehe die Szene lebhaft vor mir.

OSWALD. Endlich fasste ich einen Entschluss: Ich nahm ein Eisenbahnbillett nach Hamburg, und zur Sühne meiner Sünden begrub ich mich dort – in dem Geschäfte meines Vaters, der mich zu seinem Kompagnon machte. Vom Morgen bis zum Abend in angestrengtester Arbeit –

WERNER. Konnten Sie nunmehr keinen Augenblick Zeit gewinnen, an Selbstmord zu denken.

OSWALD. So ist es. Ich habe mein Vermögen verdoppelt – das ist immerhin eine kleine Zerstreuung, die auf praktische Gedanken bringt –

WERNER. Zum Beispiel auf Heiratsgedanken – ich verstehe! – und jetzt beabsichtigen Sie, Ihr verdoppeltes Vermögen der Dame, die Sie damals so leidenschaftlich geliebt, zu Füßen zu legen?

OSWALD. Durchaus nicht. Zu den Füßen einer anderen Dame will ich es legen.

WERNER *lächelnd.* Wie? Und die Liebe, die Sie für unauslöschlich hielten?

OSWALD. Sie ist es auch. Diese Liebe besteht fort und fort, glühender und leidenschaftlicher denn je; sie hat nur den Gegenstand gewechselt.

WERNER. Allen Respekt vor Ihrer Liebe. Das ist ja der reine Phönix, der immer von Neuem aus der eigenen Asche geboren wird.

OSWALD. Sie haben recht. Diesmal ist es eine reizende bezaubernde Witwe, die mein Herz erobert hat. Leider kann sie sich immer noch nicht zu mir entscheiden. Sie zweifelt an meiner Beständigkeit – was sagen Sie dazu?

WERNER. Ja, die Frauen haben oft sonderbare Kaprizen.

OSWALD. Sie wohnt hier, in demselben Gasthof, in welchem Sie logieren. Denken Sie, wenn Sie von jenem unglücklichen Abenteuer in Interlaken sprechen hörte.

WERNER. Seien Sie unbesorgt; ich werde Sie nicht verraten. Im Gegenteil, wenn meine Vermittlung Ihnen vielleicht nützlich sein kann –

OSWALD. Sie sind die Güte und Großmut selber. Sein Sie überzeugt, Herr Werner, dass ich mein unsinniges Benehmen von damals aufrichtig bereue. Ach, wenn Sie wüssten –

WERNER. Was soll ich wissen?

OSWALD. Nichts! *Die Tür zur Linken öffnet sich.* Dort naht die Angebetete meines Herzens; ihr Bruder ist bei ihr.

WERNER. Camilla?

OSWALD. Sie kennen sie?

WERNER. Wie sollte ich nicht? Sie ist die intimste Freundin meiner Frau.

OSWALD *entsetzt, leise.* Seiner Frau? Ich bin verloren.

Elfter Auftritt

Vorige. Camilla. Eugen.

CAMILLA. Was sehe ich? Herr Oswald, Sie hier? Und gegen mein Verbot?

OSWALD. Verzeihung, gnädige Frau, dass ich Ihr grausames Verbot übertrat; allein ich konnte nicht anders – meine Sehnsucht, meine Liebe –

CAMILLA. Sie lieben mich also noch immer, und ebenso leidenschaftlich wie früher?

OSWALD. Noch mehr, mit jedem Tage mehr, und als Ihr Verlobter –

CAMILLA. Was sagen Sie? Mein Verlobter! Wer hat uns denn verlobt?

OSWALD. Mein Glück und Ihre Schönheit.

CAMILLA. Das sind unzuverlässige Bürgen. Ehe ich nicht von Ihrer Beständigkeit überzeugt bin, kann ich mich zu nichts entscheiden.

OSWALD *freudig.* Ich glaube Ihnen nicht, Camilla. Sie tragen ein blaues Kleid, und Sie wissen, Blau ist meine Lieblingsfarbe.

CAMILLA. Blau? Ja, wahrhaftig, das Kleid ist blau; das bemerke ich erst jetzt. Es ist ein altes Kleid; ich wollte es auf der Reise auftragen, weil ich Blau nicht ausstehen kann.

OSWALD. Camilla, ich habe hier einen Freund gefunden, einen wahrhaften Freund, der mich genau kennt; er kann Ihnen sagen, ob ich beständig bin.

CAMILLA. Sie scheinen viele Freunde zu haben; mein Bruder hier hat Sie seit einer halben Stunde in einem fort gelobt, dass es nicht mehr auszuhalten war.

EUGEN *leise zu Oswald.* Ich habe mein Versprechen gehalten; vergiss du das Deinige nicht.

CAMILLA. Was sagt Eugen da?

OSWALD. Nichts. Er hat Ihnen nicht halb gesagt, warum meine ganze Seele durchbebt. Ich befinde mich in einer Lage –

WERNER *hervortretend.* Die schwieriger nicht gedacht werden kann.

CAMILLA *ihn erst jetzt erblickend.* Ah, Herr Werner. – Wo ist Ihre Frau?

WERNER. So viel ich weiß, auf ihrem Zimmer.

CAMILLA. Nun, Herr Oswald, da man Sie doch nicht wieder loszuwerden scheint, so möchte ich Sie meiner besten Freundin vorstellen.

OSWALD *für sich.* Gott steh' mir bei! *Zu Werner, leise.* Es ist um mich geschehen. Ihr Erstaunen, ihr Entsetzen –

WERNER *ebenso.* Sie haben recht.

CAMILLA *zwischen beide tretend.* Nun, so kommen Sie doch; wir wollen Helene in ihrem Zimmer aufsuchen.

OSWALD. Verzeihen Sie, teuerste Camilla; aber eine wichtige Geschäftsangelegenheit, von der ich soeben mit Herrn Werner gesprochen, und die er die Güte haben will, mit mir zu ordnen –

EUGEN *leise zu Oswald.* Bravo!

OSWALD *fortfahrend.* Es ist durchaus nötig, dass wir uns sofort zu einem Advokaten begeben –

EUGEN *wie oben.* Gut! Sehr gut!

OSWALD *fortfahrend.* Der schon früh auszugehen pflegt.

EUGEN *leise.* Eben schlägt es vier. Du bist ein vortrefflicher Freund, ein kapitaler Kerl!

WERNER *seinen Hut nehmend.* Ich stehe ganz zu Ihren Diensten.

EUGEN *für sich.* Wirklich ein ganz ausgezeichneter Mensch!

CAMILLA. Bei der Gelegenheit könnte ich noch einige Einkäufe besorgen. Bis zum nächsten Laden nehme ich Ihre Begleitung an. Herr Werner, Ihrem Arm! *Gehen ab.*

OSWALD *Werner teilnehmend nachblickend, für sich.* Und dieser brave gute Werner! Nein, ich werde einen Vorwand finden, ihn bald zurückzuführen. *Laut, Eugen die Hand reichend.* Adieu Eugen. *Den andern folgend, ab.*

EUGEN. Adieu, Heinrich.

Zwölfter Auftritt

Eugen.

EUGEN *allein.* Endlich sind sie alle fort und ich behaupte das Feld. Jetzt muss sie mich anhören und mir antworten, und zwar ganz ausführlich. Nur vorsichtig! Schneiden wir dem Feinde den Rückzug ab. *Auf die Mitteltür deutend.* Nur durch diese Tür könnte ein Störenfried kommen; verriegeln wir sie!

Er tut es, und gewahrt Helene, die von rechts eingetreten ist.
Da ist sie!

Dreizehnter Auftritt

Helene. Eugen.

HELENE *ohne den im Hintergrunde befindlichen Eugen zu sehen,*
für sich. Eben hat es vier geschlagen; glücklicherweise ist Georg noch nicht zurück. Wie bang ist mir! Mein Herz klopft!
Geht nacht links, wie sie sich umwendet, gewahrt sie Eugen.
Herr von Mansfeld!
EUGEN. Sie haben die Güte eines Engels. Wissen Sie, dass Sie
mir das Leben gerettet haben?
HELENE. Sie sagen es; und glauben Sie mir, Herr von Mansfeld,
nur deshalb –
EUGEN. Nur deshalb? Helene! Du liebst mich also nicht? Deine
zitternde Stimme, die Träne in deinem Auge, sind sie nicht
untrügliche Zeichen –
HELENE. Nein, Herr von Mansfeld. Aber selbst wenn ich Sie
liebte, niemals würde ich meine Lippen durch ein solches
Geständnis entweihen. Aber Sie, Sie sagen, dass Sie mich lieben –
EUGEN. Über alle Maßen!
HELENE. Und über alle Maßen bedrohen Sie mein Glück,
meine Existenz, meine Ehre. Herr von Mansfeld, wenn Sie
mich nur ein klein wenig lieben –
EUGEN *leidenschaftlich, ihre Hand ergreifend.* Ja, ich liebe dich,
und nur der Tod kann uns trennen.
HELENE. Lassen Sie meine Hand los.

EUGEN *ihr zu Füßen stürzend.* Nein, nie! Denn mir gehörst du jetzt für Zeit und Ewigkeit. Du wirst, du musst mich lieben!

HELENE. Ist das die Zurückhaltung, Herr von Mansfeld, die Sie mir versprochen haben?

EUGEN. Zurückhaltung? Wer spricht von Zurückhaltung, wenn ich nur eine Wahl habe: Deine Liebe oder den Tod!

HELENE. Herr von Mansfeld, zum letzten Mal – *Es wird an die Tür geklopft.* Still!

WERNER *von außen.* Mach auf, Helenchen, ich bin's!

HELENE. Es ist mein Mann!

EUGEN *sich erhebend, für sich.* Alle Teufel! Wie konnte Heinrich ihn so schnell entschlüpfen lassen!

HELENE *leise.* Gehen Sie! Um Gottes willen, gehen Sie!

EUGEN *leise, während von Neuem geklopft wird.* Unter der Bedingung, dass ich wiederkommen darf, wenn Ihr Gatte fort ist. Versprechen Sie das?

HELENE *außer sich vor Angst.* Ja, ja! Gehen Sie nur, so schnell Sie können!

EUGEN *während es wiederholt klopft.* Aber wohin? Ich glaube, das Zimmer meiner Schwester ist am geeignetsten. *Ab in Camillas Zimmer, wo er sich einschließt.*

HELENE *an der Tür ihm leise nachrufend.* Mag hier geschehen, was da wolle, kommen Sie unter keiner Bedingung heraus – Mein Gott, gibt es eine qualvollere Lage als die meine? *Öffnet die Tür im Hintergrunde.*

Vierzehnter Auftritt

Werner. Helene.

WERNER. Störe ich dich, mein Kind? Du warst wohl in deinem Zimmer und hast deshalb mein Klopfen nicht sogleich gehört?

HELENE. Jawohl. Habe ich dich lange warten lassen?

WERNER. O das tut ja nichts. – Übrigens, liebes Helenchen, komme ich nicht allein; ich bringe jemanden mit. *Für sich.* Ich muss sehr vorsichtig sein.

HELENE. Wo ist er denn? Warum lässt du ihn nicht eintreten?

WERNER. O es hat gar keine Eile. *Pause.* Helene, es gibt Dinge zwischen Himmel und Erde –

HELENE. Von denen du dir nichts träumen lässt, guter Georg. Ich weiß es!

WERNER *für sich.* Nein auf diese Weise geht es nicht. *Laut.* Helene, kürzlich las ich eine Novelle von Karl Heigel, die fängt mit den Worten an: »Und er stieg aus seinem Grabe.« Siehst du, mein Gast –

HELENE. Aber, Georg, du tust ja, als müsstest du mich auf ein Gespenst vorbereiten.

WERNER. Nun, ganz so schlimm ist es nicht. Indessen wappne dich mit Mut, das Individuum, welches nach dir verlangt –

HELENE. Mein Gott, wer ist es denn? So sprich doch nur!

WERNER. Er kommt, dir eine Bitte ans Herz zu legen, die du ihm nicht abschlagen darfst.

HELENE. Du spannst mich auf die Folter! *Leise.* Ist denn heute alle Welt gegen mich verschworen?

WERNER. Wenn du mir versprechen willst, nicht zu erschrecken –

HELENE. Mich erschreckt nichts mehr.

WERNER. Und nicht aufzuschreien –

HELENE. Mein Gott, wer ist es denn? *Sie erblickt Oswald, der soeben leise eingetreten und ihr ziemlich nahe gekommen ist, und stößt einen lauten Schrei des Schrecken aus.* Ah!

WERNER *sie haltend.* Habe ich es nicht gesagt?

Fünfzehnter Auftritt

Vorige. Oswald.

HELENE *zu sich kommend.* Ist es ein Traum?

OSWALD. Gnädige Frau!

HELENE. Noch traue ich meinen Augen nicht!

WERNER. Ja, er ist es wirklich, unser »Fritz«, allerdings eigentlich Herr Fritz Heinrich Oswald benamset, er ist es, wie er leibt und lebt, von Fleisch und Blut, keine Spur von einem Geist.

OSWALD *für sich.* Ein Glück, dass Camilla nicht zugegen ist! *Laut.* Verzeihung, gnädige Frau!

HELENE *sich immer mehr von ihrer Überraschung erholend.* Und Sie leben?

OSWALD *beschämt.* Vergebens würde ich zu leugnen wagen.

HELENE. Sie haben sich nicht getötet?

OSWALD. Noch nicht, aber wenn Sie es befehlen –

HELENE. Unglaublich. Und jener Brief, der von einem Abgrund sprach?

OSWALD. Wandeln wir nicht unser ganzes Leben hindurch einem Abgrunde zu? Und glauben Sie mir, gnädige Frau, es gibt im Menschenleben Augenblicke, wo man dem Wahnsinn näher ist als sonst, und man nicht nach einem unterlassenen Selbstmord beurteilt werden darf.

WERNER. Freue dich doch, liebes Weibchen, dass er noch lebt! Und er lebt nicht nur, sondern wie du siehst, ist er auch dicker und blühender geworden.

OSWALD. Ich versichere Ihnen, dass ich mich meines Lebens und meiner Gesundheit von Herzen schäme; aber meine Schuld ist gesühnt, reichlich gesühnt. Habe ich mich auch nicht in jenen Abgrund gestürzt – Tod und Abgrund war mir überall, wo ich Sie nicht sah.

WERNER *überrascht.* Wen?

OSWALD *sich verbessernd.* Die Dame, die ich liebte.

WERNER. Ach so! *Zu Helene.* Ich werde dir später die ganze Geschichte ausführlich erzählen. Ich sage dir, sie wird dich sehr amüsieren; ich wenigstens habe gelacht, bis ich nicht mehr konnte.

OSWALD *bittend.* Herr Werner!

WERNER. Sie haben recht. Wir dürfen den Zweck Ihres Besuches nicht vergessen. *Zu Helene.* Es handelt sich um nichts weniger als sein Leben.

HELENE. Zum wie vielten Mal?

WERNER. Wenigstens um das Glück seines Lebens. Hier in Baden-Baden befindet sich gegenwärtig eine Person, die er schwärmerisch liebt –

HELENE *entrüstet.* Gerechter Gott! Sie wagen es, mein Herr, noch immer an jene Frau zu denken?

WERNER. Beruhige dich, mein Kind. Es ist deine Freundin Camilla, die er liebt und durchaus heiraten will.

HELENE *bestürzt.* Wie? Sie wären der junge Hamburger, von dem sie mir diesen Morgen erzählt hat?

WERNER. Er ist es.

HELENE. Der Liebende, an welchem sich nur ein Fehler fand: ein Übermaß von Leidenschaft?

WERNER. Er ist es, der daran leidet.

HELENE. Das Herz, das niemals eine andere geliebt hat?

WERNER. Es schlägt in seiner Brust.

HELENE. Abscheulich! O, sie soll alles erfahren, die ganze volle Wahrheit!

WERNER. Das ist es ja gerade, liebes Helenchen, was vermieden werden soll.

OSWALD. Lassen Sie sich durch mein Bitten, durch mein dringendstes Flehen erweichen, gnädige Frau! Zerstören Sie nicht ein Glück, das –

WERNER. So tu' ihm doch den Gefallen, Lenchen! Er ist mein Freund.

HELENE. Ich sollte ruhig mit ansehen, wie meine liebste, meine beste Freundin betrogen wird?

WERNER. Aber er betrügt sie ja nicht; er liebt sie wirklich, und er wird darüber noch den Verstand verlieren.

HELENE *bitter.* Wie damals das Leben. *Zögernd.* Und die andere, die Dame aus Interlaken?

WERNER. Liebt er längst nicht mehr. Unter uns gesagt, er hat sie überhaupt nie so recht eigentlich geliebt.

OSWALD *lebhaft.* Das ist nicht wahr, Herr Werner! Im Gegenteil, ich habe Ihnen bekannt, dass mein ganzes Herz ihr gehört. Ich hatte nur einen schwachen Augenblick, in welchem mein Verstand mein Herz besiegte – allerdings gegen alles poetische Herkommen.

HELENE *spöttisch.* Freilich, es gehört nicht jeder zum »Stamme jener Asra, welche sterben, wenn sie lieben«.

WERNER. Aber Kind, verliere doch nicht so viele Worte über einen romantischen Unsinn. Herr Oswald hat vollkommen recht gehabt, sein Leben lang lebendig zu bleiben.

HELENE. Aber unwürdig, nein, nichtswürdig bleibt es doch immer, mit einem Selbstmord zu drohen; das wirst du nicht leugnen wollen, Georg! Denk an den Kummer, an die Angst, die wir ausgestanden haben!

WERNER. Wir waren die Toren, an den Unsinn zu glauben. Wenn so ein müßiggängerischer junger Herr mit Selbstmord droht, so ist das immer nur ein Theatercoup, um irgendein argloses Närrchen ins Garn zu locken.

HELENE. Ach, argloses Närrchen.

WERNER. Oder Närrin; denn eine närrische Rolle spielt die Frau gewiss, die sich durch eine geschickt in Szene gesetzte Leidenschaft imponieren oder dupieren lässt. Diese Glutmenschen, die in wilder Beredsamkeit alle Schranken des Gesetzes und der Sitte niederzureißen trachten – in nüchternem Zustande sind sie meist herzlose oder übersättigte und abgespannte Bonvivants.

HELENE *mit Bitterkeit.* Ich verstehe. Ihr Herz ist der einzige Abgrund, in welchen sie sich stürzen!

WERNER. Sieh dich doch einmal in der Welt um, mein Kind; du wirst bemerken, dass es fast immer verheiratete Frauen sind, denen sie ihr Leben und ihre Liebe zu Füßen legen. Sie wählen sich vorzugsweise gern überspannte jüngere Gattinnen reifer Männer, die sich für unbegriffene Seelen halten und sich unglücklich fühlen, wenn der Herr Gemahl nicht zeitlebends den Courmacher spielen will.

HELENE *das Gesicht in den Händen verbergend, für sich.* O mein Gott! *Laut.* Was du sagst, klingt schrecklich. Aber die Auferstehung des Herrn Oswald von den Toten leistet mir einen großen Dienst, einen außerordentlichen Dienst; und zum Dank werde ich das Schweigen, das er von mir fordert, gewissenhaft beobachten.

OSWALD. Ich kann Ihnen nicht genug danken, meine verehrte gnädige Frau!

WERNER. Ich sagte Ihnen ja, sie ist die Güte selber.

HELENE. Aber wo ist Camilla?

WERNER. Fortgegangen, um Einkäufe zu machen.

HELENE *die sich gesetzt hat, um zu schreiben.* So! Es ist durchaus notwendig, dass dieses Billett sofort in ihre Hände gelange. *Zu Oswald.* Fürchten Sie nichts; eines Verrates werden Sie mich hoffentlich nicht für fähig halten. *Zu Werner.* Lieber Georg, der Brief hat große Eile; sie muss ihn unbedingt noch vor Tisch erhalten. Du tätest mir einen großen Gefallen, wenn du Camilla aufsuchtest und ihr den Brief selbst übergäbest.

WERNER. Sehr gern, liebes Kind; ich habe im Augenblick nichts weiter zu tun.

OSWALD *für sich.* Was ist das? Will sie ihn von hier entfernen? Sollte es Eugens wegen sein?

WERNER. Kommen Sie mit, lieber Oswald?

OSWALD. Leider kann ich nicht; ich habe notwendig vor Tisch noch einige Briefe zu schreiben. *Für sich.* Ich werde über ihr Benehmen wachen und beide von hier beobachten. *Er grüßt und geht durch die zweite Tür rechts, die er halb geöffnet lässt, und wo er während der folgenden Szene bleibt.*

WERNER. Auf baldiges Wiedersehen.

HELENE *Werner herzlich die Hand drückend.* Adieu, lieber Georg.

Werner durch die erste Tür rechts ab. Helene wendet sich, nachdem sie die Tür verschlossen, nach links, zu der Tür, durch welche Eugen abgegangen. Sie klopft an.

Sechzehnter Auftritt

Helene. Eugen.

EUGEN *noch von außen, auf Helenens Klopfen.* Herein!

HELENE. Sie können herauskommen, Herr von Mansfeld. Mein Gatte ist fort; wir sind allein. *Sie setzt sich und nimmt eine Stickerei zur Hand.*

EUGEN *tritt hastig ein.* Die Augenblicke sind mir zu Ewigkeiten geworden. Kaum kann ich mich aufrecht halten.

HELENE. Bitte, wollen Sie nicht Platz nehmen?

EUGEN. Ich, mich setzen? Nein, zu deinen Füßen, Helene ist mein Platz!

HELENE. Es scheint, dass Sie wieder zu Kräften kommen.

EUGEN. Nur um von Neuem zu leiden, mehr zu leiden als je!

HELENE. Das wäre mir herzlich leid; denn wenn sich trotz aller meiner Bemühungen noch immer keine Spuren von Besserung bei Ihnen zeigen sollten, so müsste ich auf alle ferneren Heilungsversuche verzichten. Sie sollten es einmal mit einer Kaltwasserkur probieren. Starke Duschen sollen gegen Kongestionen nach dem Herzen –

EUGEN. Was muss ich hören? So spricht Helene, meine Helene. Könne Sie so eiskalt sein, während der Unglücklichste der Menschen zu Ihren Füßen in Verzweiflung vergehen möchte.

HELENE. Mit Befriedigung konstatiere ich das erste Zeichen Ihrer Besserung: Sie bequemen sich, Gott sei Dank, wieder zu dem unter oberflächlich Bekannten allgemein üblichen »Sie«.

EUGEN *beiseite.* Ich muss noch einmal von vorn anfangen. Fatale Unterbrechung im kritischen Augenblick. *Laut.* Ja, meine Gnädigste; Sie werden sich entschließen müssen, mich noch einmal anzuhören. Diese Worte werden die letzten sein, welche über meine Lippen kommen! *Nähert sich ihr.* Empfangen Sie diesen Kuss des Todes –

HELENE *zurückweichend.* Ich danke! Später vielleicht.

EUGEN. Ha, dieser Balkon – *Tut einige Schritte nach dem Balkon.*

HELENE. Eine herrliche Aussicht! Der schöne Blick über den See – nicht wahr?

EUGEN. Freundlicher See! In deine Tiefe zu tauchen, hinab ins Meer der Ewigkeit – dieser Balkon, von dem ich mich stürzen möchte – *Für sich.* Sie hält mich nicht zurück? *Laut.* Ich verbiete Ihnen mich zurückzuhalten!

HELENE. Ich denke nicht daran; indessen kann ich Ihnen nicht raten, an dieser Stelle zu springen. Der See ist gerade vor dem Balkon ungemein flach; Sie riskieren einen Beinbruch.

EUGEN. Es gibt andere Wege, die zur Ewigkeit führen! *Will durch die Tür.*

HELENE *ihn zurückrufend.* Herr von Mansfeld?

EUGEN *freudig.* Helene, Sie rufen mich zurück?

HELENE. Ich möchte Ihnen nur einen Regenschirm anbieten; es fällt etwas nass.

EUGEN. Wie? Zur Lieblosigkeit noch den Spott? Die Strafe soll Ihnen nicht erspart bleiben! Nein, nicht draußen im Freien, hier vor Ihren Augen will ich mir das Hirn zerschmettern!

HELENE. Wenn das Ihr aufrichtiger Wunsch ist – *Den Schlüssel aus ihrem Gurt nehmend.* Hier nehmen Sie.

EUGEN. Was ist das?

HELENE *aufstehend.* Der Schlüssel zu diesem Schrank. *Er schwankt.* Öffnen Sie diesen Schrank; Sie werden einen Kasten darin finden –

EUGEN *beiseite.* Höre ich recht? *Laut.* Wo?

HELENE. Er steht dicht vor Ihnen; Sie sehen ihn schon.

EUGEN *den Kasten nehmend.* Ah, diese Pistolen!

HELENE. Es sind die Ihrigen.

EUGEN *den Kasten öffnend, mit der Miene eines Verzweifelten.* Sie wollen also, Helene, Sie befehlen, dass ich aus diesem Leben scheiden soll? Ich soll fort und Sie, die Sie so reizend vor mir stehen, nie mehr sehen? – O Helene!

HELENE. Ich habe eingesehen, dass niemand gegen sein Schicksal kämpfen kann.

EUGEN. Meine Pistole sind nicht geladen, Sie haben es gewusst, Helene!

HELENE. Ich kann Ihnen vielleicht aushelfen. Mein Mann besitzt mehrere Revolver, vier- und sechsläufige.

EUGEN. Ich bitte um einen sechsläufigen. *Helene will fort, er hält sie zurück.* Halt, bitte einen Augenblick.

HELENE. Was wollen sie?

EUGEN *in grenzenloser Verwirrung.* Ich – ich bitte – um ein Glas Wasser.

HELENE. Sogleich. Wenn Sie sonst noch etwas wünschen – einem Sterbenden darf man keinen Wunsch versagen.

EUGEN. Helene, ich will nicht scheiden, ohne an Ihr Gewissen appelliert zu haben. Bedenken Sie, es wird eine Stunde kommen, wo eine zärtliche Schwester Ihnen in die Ohren schreien wird: »Wo ist mein Bruder?«

HELENE. Ich werde ihr antworten: »In Paris«, oder »in Rom«, je nachdem.

EUGEN. Fürchten Sie nicht die rächenden Geister der Gemordeten? In einsamer Stunde der Nacht wird eine Gestalt vor Ihnen auftauchen, mit klaffender Wunde in der Brust, die Entsetzen durch Ihr Gehirn jagen, die eine Hölle in Ihrem Herzen entzünden müsste?

HELENE. Werden Sie bengalisch oder elektrisch beleuchtet?

EUGEN. Das ist zu viel, zu viel! *In höchster Erregung.* Nein, meine Gnädigste, um Ihretwillen werde ich mich nicht töten. Niemals! Sie verdienen es nicht. Sie sind ein Gletscher, an dem selbst die heißeste Liebe schmilzt. Ich werde leben, ja leben und Ihnen zum Trotz alt werden, steinalt!

HELENE *laut lachend.* Das wünsche ich Ihnen von ganzem Herzen.

Siebzehnter Auftritt

Vorige. Camilla.

CAMILLA *tritt schnell ein, sieht Eugen mit dem Pistol in der Hand, stößt einen Schrei aus und wirft sich in seine Arme.* Mein Bruder, muss ich dich so wiedersehen? Herzensbruder, lebst du noch?

EUGEN *sich losmachend.* Was hast du denn? Camilla, lass mich!

CAMILLA. Du bist nicht verwundet?

HELENE. Heil und gesund vom Kopf bis zum Fuß – ich stehe dafür.

CAMILLA. Mein Gott, Helene, wie tödlich du mich erschreckt hast! Hier Eugen, lies dieses Billett, welches Herr Werner vor wenigen Minuten mir eingehändigt hat.

EUGEN *lesend.* »Liebste Camilla, komm eiligst zurück. Das Leben deines Bruders schwebt in diesem Augenblicke in größter Gefahr.« – *Zu Helene.* So bitter, gnädige Frau, haben Sie mich verspottet?

HELENE *lachend.* Das nicht. Ich fürchtete nur, Sie könnten in vollem Ernst »zum Stamm der Asra« gehören, »welche sterben, wenn sie lieben«. *Leise zu Camilla.* Es ist eine kleine Lektion,

die ich ihm gegeben habe; er wollte sich durchaus um meinetwillen umbringen.

CAMILLA *mit einem halb spöttischen, halb beschämten Blick
auf Eugen.* Der? *Zu Eugen.* Du Taugenichts, hast du solche
Leichtfertigkeit von deiner Schwester gelernt?

Achtzehnter Auftritt

Vorige. Oswald.

OSWALD *im Eintreten.* Ein eindringlicher Scherz, das muss ich
sagen!

EUGEN. Wie? Auch du warst mit im Komplott? Das ist eine
tödliche Beleidigung!

OSWALD. Im Komplott? Durchaus nicht; ich war nur ein
harmloser Zeuge. *Leise zu Eugen.* Sei vernünftig und mach
gute Miene zum bösen Spiel.

EUGEN *abwechselnd die drei, welche über ihn lachen, anblickend.*
Das ist unleidlich! Den Fluch der Lächerlichkeit ertrage ich
nicht; Ihr zwingt mich, mir schließlich in allem Ernst eine
Kugel durch den Kopf zu jagen!

CAMILLA. Eugen, lieber Eugen!

HELENE *treuherzig.* Herr von Mansfeld, eine Frau hat Ihnen
eine, vielleicht etwas harte, aber wohlverdiente Lektion gegeben. Davon stirbt man nicht; im Gegenteil, man bessert sich
und wenn man nicht ein ganz rachsüchtiges Gemüt ist, so
erwirbt man sich eine sehr gute und herzliche Freundin. *Ihm
die Hand reichend.* Wollen Sie, lieber Eugen?

EUGEN *ihr die Hand küssend.* Liebe, verehrte Frau, wer kann
Ihnen widerstehen? – Aber Heinrich, der Zeuge war –

HELENE. O, für dessen Diskretion bürge ich.

OSWALD. Bürgen Sie nicht, gnädige Frau! Ich verpflichte mich durchaus nicht zum Schweigen – es sei denn, man nähme mich als Glied der Familie an.

CAMILLA. Was tut man nicht für so ein mauvais sujet von Bruder!

OSWALD *entzückt, ihr die Hand küssend.*

CAMILLA. Ich werde mich in der Ehe rächen für den Zwang, den man mir jetzt antut.

Neunzehnter Auftritt

Vorige. Werner.

WERNER *erscheint in der Tür.* Nun, meine Herrschaften, zu Tisch! Zu Tisch!

HELENE *zärtlich auf Werner zueilend und ihn umarmend.* Mein lieber, lieber Georg! Wie lange bist du ausgeblieben!

Der Vorhang fällt.

Der Asra

von Heinrich Heine

aus: Romancero – Historien

Täglich ging die wunderschöne
Sultanstochter auf und nieder
Um die Abendzeit am Springbrunn,
Wo die weißen Wasser plätschern.

Täglich stand der junge Sklave
Um die Abendzeit am Springbrunn,
Wo die weißen Wasser plätschern;
Täglich ward er bleich und bleicher.

Eines Abends trat die Fürstin
Auf ihn zu mit raschen Worten:
»Deinen Namen will ich wissen,
Deine Heimat, deine Sippschaft!«

Und der Sklave sprach: »Ich heiße
Mohammed, ich bin aus Jemen.
Und mein Stamm sind jene Asra,
Welche sterben, wenn sie lieben.«

Biographie

1831   *20. September:* Hedwig Marianne Adelaide Schlesinger wird in Berlin als viertes von 18 Kindern des Tabakfabrikanten Gustav Adolph Schlesinger, eines zum Christentum konvertierten Juden, und der Henriette Wilhelmine, geb. Jülich, geboren. Die Eltern heiraten erst mehrere Jahre später, nach der Geburt ihres zehnten Kindes.

1848   Im Alter von 15 Jahren muss sie ihre Schulausbildung beenden.

1851   Beginn einer Ausbildung als Lehrerin, die sie 1852 mit dem Examen beendet.

1852   Heirat mit dem zwölf Jahre älteren Ernst Dohm, dem Begründer und Redakteur der satirischen Zeitschrift »Kladderadatsch«. Aus der Ehe gehen ein Sohn und vier Töchter hervor, darunter die Tochter Hedwig (die Mutter von Thomas Manns Ehefrau Katja Pringsheim). Durch ihren Ehemann kommt sie in Kontakt mit den intellektuellen Zirkeln Berlins und lernt u.a. Ferdinand Lassalle, Alexander von Humboldt, Karl August Varnhagen von Ense, Theodor Fontane und Fanny Lewald kennen.

1869   Langer Aufenthalt in Rom bei ihrer Schwester, der Malerin Anna Schleh (bis 1870).

1872   »Was die Pastoren von den Frauen denken« (Essay). Beginn des publizistischen Engagement für die Gleichstellung der Frau in allen Bereichen des gesellschaftlichen Lebens.

1873   In ihrer Kampfschrift »Der Jesuitismus im Hausstande. Ein Beitrag zur Frauenfrage« erhebt Hedwig Dohm als erste in Deutschland die Forderung nach dem Stimmrecht für Frauen.

1874 »Die wissenschaftliche Emancipation der Frau« (Essay).

1876 »Der Frauen Natur und Recht. Zur Frauenfrage zwei Abhandlungen über Eigenschaften und Stimmrecht der Frauen« (Streitschrift).

»Vom Stamme der Asra« (Komödie).

»Der Seelenretter« (Komödie).

1883 *5. Februar*: Tod des Ehemannes.

Hedwig Dohm zieht in das Haus ihres Schwiegersohnes Rosenberg, des Mannes ihrer zweiten Tochter Else. Beginn der intensiven schriftstellerischen Arbeit an zahlreichen Romanen und Novellen.

1894 »Wie Frauen werden. Werde, die du bist« (Novellen).

1897 »Sibilla Dalmar« (Roman).

1899 »Schicksale einer Seele« (Roman).

Beginn der Mitarbeit an der von Minna Cauer herausgegebenen Zeitschrift »Die Frauenbewegung«.

1902 »Christa Ruland« (Roman).

»Die Antifeministen. Ein Buch der Verteidigung« (Essays).

1909 »Sommerlieben« (Novellen).

1915 Ihr leidenschaftliches Plädoyer für den Pazifismus »Der Missbrauch des Todes. Senile Impressionen« entsteht (gedruckt 1917).

1919 *1. Juni*: Hedwig Dohm stirbt im Alter von 87 Jahren in Berlin an einer Lungenentzündung.

Dekadente Erzählungen

Im kulturellen Verfall des Fin de siècle wendet sich die Dekadenz ab von der Natur und dem realen Leben, hin zu raffinierten ästhetischen Empfindungen zwischen ausschweifender Lebenslust und fatalem Überdruss. Gegen Moral und Bürgertum frönt sie mit überfeinen Sinnen einem subtilen Schönheitskult, der die Kunst nichts anderem als ihr selbst verpflichtet sieht.

Rainer Maria Rilke Die Aufzeichnungen des Malte Laurids Brigge **Joris-Karl Huysmans** Gegen den Strich **Hermann Bahr** Die gute Schule **Hugo von Hofmannsthal** Das Märchen der 672. Nacht **Rainer Maria Rilke** Die Weise von Liebe und Tod des Cornets Christoph Rilke

ISBN 978-3-8430-1881-4, 412 Seiten, 29,80 €

Erzählungen aus dem Sturm und Drang

Zwischen 1765 und 1785 geht ein Ruck durch die deutsche Literatur. Sehr junge Autoren lehnen sich auf gegen den belehrenden Charakter der - die damalige Geisteskultur beherrschenden - Aufklärung. Mit Fantasie und Gemütskraft stürmen und drängen sie gegen die Moralvorstellungen des Feudalsystems, setzen Gefühl vor Verstand und fordern die Selbstständigkeit des Originalgenies.

Jakob Michael Reinhold Lenz Zerbin oder Die neuere Philosophie **Johann Karl Wezel** Silvans Bibliothek oder die gelehrten Abenteuer **Karl Philipp Moritz** Andreas Hartknopf. Eine Allegorie **Friedrich Schiller** Der Geisterseher **Johann Wolfgang Goethe** Die Leiden des jungen Werther **Friedrich Maximilian Klinger** Fausts Leben, Taten und Höllenfahrt

ISBN 978-3-8430-1882-1, 476 Seiten, 29,80 €

Erzählungen aus dem Sturm und Drang II

Johann Karl Wezel Kakerlak oder die Geschichte eines Rosenkreuzers **Gottfried August Bürger** Münchhausen **Friedrich Schiller** Der Verbrecher aus verlorener Ehre **Karl Philipp Moritz** Andreas Hartknopfs Predigerjahre **Jakob Michael Reinhold Lenz** Der Waldbruder **Friedrich Maximilian Klinger** Geschichte eines Teutschen der neusten Zeit

ISBN 978-3-8430-1883-8, 436 Seiten, 29,80 €